Bibliografische Information der Deutschen Nationalbibliothek:

Die Deutsche Bibliothek verzeichnet diese Publikation in der Deutschen National-
bibliografie; detaillierte bibliografische Daten sind im Internet über http://dnb.d-
nb.de/ abrufbar.

Impressum:

Copyright © 2002 GRIN Verlag, Open Publishing GmbH
Druck und Bindung: Books on Demand GmbH, Norderstedt Germany
ISBN: 9783656099376

Dieses Buch bei GRIN:

http://www.grin.com/de/e-book/183840/industriegeschichte-allach-untermenzing-
am-beispiel-des-betriebs-krauss-maffei

Oliver Köller

Industriegeschichte Allach-Untermenzing am Beispiel des Betriebs Krauss-Maffei

GRIN Verlag

GRIN - Your knowledge has value

Der GRIN Verlag publiziert seit 1998 wissenschaftliche Arbeiten von Studenten, Hochschullehrern und anderen Akademikern als eBook und gedrucktes Buch. Die Verlagswebsite www.grin.com ist die ideale Plattform zur Veröffentlichung von Hausarbeiten, Abschlussarbeiten, wissenschaftlichen Aufsätzen, Dissertationen und Fachbüchern.

Besuchen Sie uns im Internet:

http://www.grin.com/

http://www.facebook.com/grincom

http://www.twitter.com/grin_com

Inhaltsverzeichnis

1. Vorwort

Die folgenden Ausführungen stellen sowohl den Versuch dar, einen breitgefächerten Überblick über die Wechselwirkung zwischen Industrie und deren Standort zu vermitteln, als auch auf die für Krauss-Maffei spezifischen Besonderheiten zu verweisen, die nur zu gern „unter den Teppich gekehrt" werden. Zum besseren Verständnis ist dazu außerdem ein historischer Abriss vonnöten, obwohl er noch nicht den eigentlichen Kern der Fragestellung erfasst. Leider wird die Rolle der Arbeiterschaft etwas vernachlässigt, aber eine genauere Betrachtung würde schlichtweg den Rahmen der Arbeit sprengen. Insgesamt stützen sich die folgenden Ausführungen im Wesentlichen auf die in der Bibliographie vollständig erfassten Werke von Ernst Rudolph und Gerald Engasser, vor allem was Daten, Zahlen und Fakten betrifft. Um einem unsinnigen „Aufblähen" der Arbeit entgegenzuwirken, wurde auf den genauen Nachweis jedes einzelnen Details verzichtet. Textstellen, die auf anderen Quellen basieren, wurden mit einer Endnote versehen und können im Anmerkungsteil nachgeschlagen werden. Da es sich für die Gegenwart äußerst schwierig gestaltete, Informationen zu beschaffen, stützt sich Kapitel 7 weitgehend auf mündliche Berichte von ehemaligen und aktiven Mitarbeitern Krauss-Maffeis.

Mein besonderer Dank gebührt dem Stadtarchiv München und dem Institut für Zeitgeschichte München für ihre Unterstützung bei meiner Recherche. Vor allem auch aus aktuellem Anlass lohnt es sich einen näheren Blick auf den Konzern und seine Umgebung zu werfen, befand sich doch die erste 1km lange Teststrecke des gegenwärtig debattierten Transrapids auf dem Allacher Betriebsgelände.

2. Zeitgeschichtlicher Hintergrund

Gegen Ende des 19. und Anfang des 20. Jahrhunderts vollzog sich im Zeichen der industriellen Revolution und der voranschreitenden Technisierung ein Wandel, der Veränderungen in sämtlichen soziologischen Bereichen mit sich führte. Diese schlugen sich unter anderem in den bis dato rural geprägten Dörfern im Umland von Städten nieder, die im Begriff waren zu expandieren.

München beispielsweise, das zu Beginn des 19. Jahrhunderts noch bedeutungslos gegenüber Städten wie Augsburg und Nürnberg war, wuchs ab 1860 immens an und im Zuge dessen wurden die umliegenden Vororte nach und nach eingemeindet,[1] so auch Allach und Untermenzing.

Hierzu sei vorweg erwähnt, dass es sich bei der Metamorphose bäuerlicher Ansiedlungen zu Industriestandorten und deren Verflechtung in die urbane Nachbarschaft, um dynamische, schwer abzugrenzende Prozesse handelt und die folgenden Ausführungen nur einen Faktor beschreiben, der diesen Umschwung begünstigte, nämlich die Verlagerung der Firma Krauss-Maffei nach Allach-Untermenzing.

Insgesamt unterstützte hierbei die *„Ausweisung der Industrie- und Gewerbeflächen [...] die Tendenz der Wanderung des sekundären Erwerbssektors in die Außengebiete der Stadt und kommt der notwendigen Zuordnung von Wohn- und Arbeitsstätten entgegen."*[i]

3. Historische Einführung
3.1. Industrielle Revolution in Allach und Untermenzing

Allach, erstmals am 30. März 774 urkundlich erwähnt und Untermenzing, dessen historisch sichere Existenz auf den 6. November 814 zurückgeht, waren bis 1892 reine bäuerliche „Straßendörfer"[ii], in strikter örtlicher Trennung voneinander. Mit der Eröffnung der Bahnlinie nach Ingolstadt jedoch, hielt die Industrialisierung Einzug und hinterließ dabei erste Narben, nachdem dem Gleisbau eine Reihe von Hügelgräbern der Bronzezeit zum Opfer fielen. Mit dem Bau der Ringbahn um den Münchner Norden im Jahre 1901 siedelten sich nun auch erste Firmen im Bahnhofsgebiet an, unter anderem *„kaufte die Firma Krauss 100 Tagwerk Grund"*[iii] (340.700 m²) und rief dort 1909 die „Bayrische Stahlgießerei GmbH" Krautheim ins Leben. In den folgenden zwei Jahren entstand daraufhin eine erste Wohnkolonie beim und in den Allacher Forst hinein, die den Arbeitern als Unterkunft diente und noch heute als „Waldkolonie" bekannt ist. In diesem Zeitraum entwickelte sich unter den „bäuerlichen Elementen" ein Trend hin zur Lohnarbeit, bei der es sich zu 70% um Tagelöhnerei handelte und infolgedessen es zu einer bayernweiten „Landflucht" kam. Die Gründe waren vielseitig: Schilderungen anderer Arbeiter und die schwere landwirtschaftliche Arbeit förderten diese Entwicklung.[iv] Außerdem trug wohl die minderwertige Qualität der Ackerböden in Allach und Untermenzing dazu bei. Aus dem vermehrten Zustrom von Arbeitskräften resultierte eine Zunahme der Wohnbebauung zwischen den Dorfkernen und in den umliegenden Gebieten, im Jahre 1913 schließlich war die Einwohnerzahl in Allach und Untermenzing bereits auf 1600 bzw. 900 angestiegen. Aufgrund

---

[1]   vgl. Fritz, Carl, München als Industriestadt 2 ff., o. V., Berlin 1913

des steigenden Bedarfs der rasant wachsenden Bevölkerung, bildete sich daher Mitte der 20er Jahre eine Ladenpassage, die westlich vom Bahnhof an der heutigen Vesaliusstraße gelegen ist, heraus. Des Weiteren kam es, wie in allen sich in industriellen Umwälzungen befindlichen Gebieten, zu infrastrukturellen Veränderungen, wie dem Ausbau des Straßennetzes, der Verlegung von Wasserleitungen und dem teilweisen Anschluss an die Kanalisation. Richtig in Schwung gerieten diese Projekte aber erst Jahrzehnte später, auch bedingt durch die gesamte Verlagerung des Krauss-Maffei Werks nach Allach und dem damit einhergehenden Wohnungsbau. Nicht zuletzt zog die Industrialisierung Rodungen im ehemals stark bewaldeten königlichen Jagdrevier nach sich, Allacher Forst und Angerlohe sind nur kärgliche Überreste der einst bestehenden Waldflächen. Der Aufschwung durch das Eisenbahngewerbe überzeugte nun wohl auch den letzten Skeptiker, das geplante Hafenbauprojekt (sic!) für Ludwigsfeld endgültig fallenzulassen.

3.2. Entstehungsgeschichte Krauss-Maffei
3.2.1. Die J. A. Maffei AG

Nach der Eröffnung der ersten Eisenbahnstrecke Deutschlands von Nürnberg nach Fürth im Jahr 1835, erwogen einige Kapitaleigner im großen Stil in dieses neue Transportmittel zu investieren, so auch der Unternehmer Joseph Anton Ritter von Maffei (1790-1870). Ein Jahr nach dem Baubeginn der Bahnlinie München-Augsburg, an der Maffei maßgeblich beteiligt war, erwarb er 1838 den „Lindauerschen Eisenhammer" in der Hirschau (heute im Englischen Garten auf der Höhe vom Tivoli), der die Keimzelle seiner Lokomotivfabrik darstellte. Um als erster Lokomotivfabrikant in die Geschichte einzugehen und nicht hinter seiner inner-deutschen Konkurrenz zurückzustehen, nannte Maffei als Gründungsdatum später 1837, die Quellenlage besagt jedoch anderes.[v]

In den folgenden Jahrzehnten kristallisierte sich aus den Massen von Tagelöhnern eine Stammbelegschaft heraus, die abgesehen von Lokomotiven einen Großteil der Dampfschiffe für den Starnberger See und den Ammersee produzierten. Die Tatsache, dass Maffei der wichtigste Steuerzahler Münchens war, kam letztendlich auch den Arbeitern zugute, die hinsichtlich der Löhne und Arbeitsbedingungen im Vergleich mit anderen Betrieben zu den Bessergestellten gehörten.[vi] Trotzdem stellte die Firma einen Revolutionsherd dar – so bezeichnete der Schriftsteller Wilhelm Herzog, die Maffei-Arbeiter als „aktivste Mitkämpfer" Kurt Eisners zu

Zeiten der Novemberrevolution.[vii] In diesem Zusammenhang trafen auch Maffeier „Rotarmisten" und „Weißgardisten" aufeinander, interessanterweise bei Karlsfeld und Dachau in der Nähe Allachs, obwohl zu diesem Zeitpunkt noch keinerlei Verbindung zu dem späteren Firmensitz bestand. Hitlers „Mein Kampf" beinhaltet zudem eine Textstelle über eine Nazi-Kundgebung der frühen 20er Jahre, die dank der Intervention von Maffei-Arbeitern misslang.[viii]

3.2.2. Krauss & Comp.

Am 17. Juli 1866 gründete der Unternehmer Georg von Krauss eine zweite Münchner Lokomotivfabrik an der Arnulfstraße und sechs Jahre später ein Zweigwerk an der Lindwurmstraße in Sendling. Im Gegensatz zur Fabrik an der Hirschau, schienen die Arbeitsumstände hier nicht so vorteilhaft gewesen zu sein, was sich daraus schließen lässt, dass die „Kraussler" ihrer Firmenleitung bei weitem nicht so viele Huldigungen und Festschriften widmeten wie die Maffei-Arbeiter. Darüber hinaus sagte man Krauss das Mitwirken an „Schwarzen Listen" nach, mit deren Hilfe sich die Unternehmer gegenseitig vor „aufmüpfigen" Arbeitern warnten.[ix] Die Beteiligung an der Firma Krautheim in Allach lässt leider nicht erkennen, inwieweit diese mit der Rüstungsproduktion des 1. Weltkriegs zu schaffen hatte, in die Krauss mit der Herstellung von Minen, Granaten und Artilleriemunition unter erstmaligem Einsatz von weiblichen Arbeitskräften involviert gewesen ist. Gesichert ist lediglich, dass Krautheim schon vor 1914 für die mittlerweile an der Börse gezeichnete Krauss AG produzierte, was bleibt unklar. Nichtsdestotrotz dürften die Kriegsjahre Allach und Untermenzing auch bevölkerungsstatistisch verändert haben, da sich bis 1917 die Zahl der Münchner Metallarbeiter verdoppelte und dies vermutlich auch die „Bayerische Stahlgießerei" betraf.

3.3. Zwei Fusionen

Krauss, der schon seit Jahren die Mehrheitsanteile hielt, fusionierte 1921 mit der Allacher Firma Krautheim, worauf das Firmenareal zum aktuellen Stand expandierte. Danach wurde der Bau fünf neuer Fertigungshallen für das weitgehend leerstehende Werksgelände geplant, von denen bis 1924 alle in Betrieb genommen wurden. Während sich Allach und Untermenzing im Aufschwung befanden, indem neue Arbeitsplätze geschaffen wurden und dadurch noch mehr Menschen hinzuzogen, ergaben sich für Sendling negative Konsequenzen, die auf der Stilllegung des dortigen Werks basierten. Davon waren natürlich auch alle anderen Firmensitze betroffen, die im Laufe der Jahre geschlossen wurden. Im Februar 1925 wurde die durch das Sozialministerium bezuschusste Krauss-Siedlung am Allacher Bahnhof fertig gestellt, um der akuten Wohnungsnot Herr zu werden. Diese an der Vesalius- und Piperstraße liegenden Bauten bestanden aus 36 Wohnungen mit je zwei Zimmern und einer Wohnküche, wobei sich vier Parteien ein Bad und 100 m² Garten teilten.[x]

Aufgrund von Auftragsbeschränkungen durch die Reichsbahn, in der Absicht die Kapazitäten der Eisenbahnindustrie zu verringern und der sich anbahnenden Weltwirtschaftskrise, konnten die neu gebauten Werkstätten allerdings nicht ausgelastet werden, stattdessen kam es zu Massenentlassungen.[xi] Erschwerend hinzu kommen Berichte über die Arbeitsbedingungen um 1927, zum Beispiel ist in einer sozialistischen Zeitung von *„Lehrlingsschinderei"* und *„wiederholten körperlichen Misshandlungen"* die Rede.[xii] Rationalisierungsabsichten in Folge der desolaten Wirtschaftslage begründete die Konzernleitung folgendermaßen:

„Die ungünstige Lage der Industrie in Allach und das unsoziale Verhalten eines großen Teils unserer Arbeiterschaft zwingen uns, die bisher gewährten freiwilligen Zuwendungen [...] einzustellen."[xiii]

Bereits ein Jahr vor dieser Stellungnahme, das heißt ab 1928, war es offensichtlich, dass in München nur noch eine Lokomotivfabrik bestehen bleiben konnte. Dies zog eine Neuordnung des Industriezweiges durch die Deutsche Bank nach sich, die sowohl die zwischenzeitlich wertlosen Maffei-Aktien übernommen hatte, als auch die Mehrheit an der Krauss AG hielt. Am 1. Januar 1931 fusionierten beide Betriebe zur „Lokomotivfabrik Krauss + Comp. J. A. Maffei AG", wobei Krauss de facto alle immateriellen Werte wie den Namen, die Patente und die Produktionsrechte übernahm, während die Gläubiger sämtliche Maschinen aus der Hirschau verkauften.

Seit der Personalunion zwischen den Firmen Ende Oktober 1930, war es dabei schon *"so gut wie sicher, daß der Betrieb der beiden Werke in Allach zusammengefaßt wird, daß also das Maffeiwerk in der Hirschau stillgelegt werden muss."*[xiv]

4. Machtübernahme des NS-Regimes

4.1. Auswirkungen für die Lokomotivfabrik Krauss + Comp. J. A. Maffei AG

4.1.1. Umsiedlung nach Allach

Bedingt durch jahrelange Auftragsnot und einer damit verbundenen Stagnation der Arbeiterzahlen, war es dem neu organisierten Unternehmen zu Anfang nicht möglich, das Vorhaben, die über ganz München verteilten Produktionsstätten in Allach zu konzentrieren, in die Tat umzusetzen. Dass nicht genug Kapital für eine derartige Umsiedlung vorhanden war, zeigte sich nicht zuletzt dadurch, dass es seit 1923 bei Krauss und seit 1927 bei Maffei keine Gewinnausschüttungen (Dividenden) mehr gab. Während einerseits versucht wurde durch die *„Hoffnung, daß sich nach der Rezession der Nachkriegsjahre das Wirtschaftsleben wieder erholen würde"*, den Bau eines neuen Fabrikgeländes zu erklären[xv], erscheint ein anderer Standpunkt bei weitem plausibler. Erst mit der Machtübernahme durch das NS-Regime 1933 nämlich, wurde das „millionenschwere" Bauvorhaben in Allach in Angriff genommen.

„Der Umbruch im Jahre 1933 war [...], der Anlaß, im Vertrauen auf die nunmehr geschaffene gefundene Grundlage wirtschaftlichen Wachstums mit einem großzügigen Ausbau des Werkes zu beginnen."[xvi]

Inwiefern die 1940 umbenannte Krauss-Maffei AG dabei von den Plänen der Nationalsozialisten Bescheid wusste, ist nicht belegt. Es sprechen aber, abgesehen von den gewaltigen Investitionen eine Reihe von Hinweisen dafür, dass Management und Kapitaleigner sehr wohl über den bevorstehenden „Rüstungskurs" informiert waren. Der Prototyp eines Kettenfahrzeugs beispielsweise, der schon seit mehreren Jahren existierte, erweckte großes Interesse bei der Wehrmacht (bis 1945: 6100 produzierte Exemplare). Außerdem erklärte der Leiter der Deutschen Arbeitsfront (DAF) Dr. Robert Ley, *„daß die Firma Krauss-Maffei die einzige ist, die Neubauten in diesem Ausmaße ausführt und auch damit ihr Vertrauen zur nationalen Regierung bekundet."*[xvii]

Die Tatsache, dass Adolf Hitler 1938 zum Ehrenbürger Allachs wurde und eine Straße nach ihm benannt war (die heutige Eversbuschstraße), lässt mutmaßen, dass eine Übereinkunft zwischen Krauss-Maffei und der NS-Regierung getroffen wurde. Aufgrund der eingehenden „Auftragsflut" vollendete die Firma ihre Umsiedlung dann schon knapp 2 Jahre früher als geplant, mit der Verlagerung des Verwaltungsgebäudes 1937.

4.1.2. Rüstungsproduktion

Da die Firma schon vor ihrem Umzug in den Münchner Westen Zugmaschinen für die Reichswehr herstellte, handelte es sich nicht um einen neuen Produktionszweig, die Dimension der Aufträge die unter dem Nazi-Regime über den Betrieb hereinbrachen war jedoch gigantisch. Zunächst ging es dabei noch um „harmlose" Bestellungen im Rahmen des Arbeitsbeschaffungsprogramms zum Bau von Autobahnen, der erste erhaltene Großauftrag von der Wehrmacht belief sich bereits auf 1,5 Millionen Reichsmark. In der Folgezeit fiel es dem Unternehmen schwer im Rüstungsgeschäft Schritt zu halten. Von einem „*Druck der nationalsozialistischen Machthaber*"[xviii] konnte aber nicht die Rede sein, vielmehr war man erfreut ab 1934 wieder Dividenden auszahlen zu können, was lediglich der Produktion für militärische Zwecke zu verdanken war. Es gab keine Möglichkeit die geforderten Auftragsmengen zu erreichen, ebenso ließ es sich nicht bewerkstelligen, die im Rahmen des steigenden Bedarfs nötigen Erweiterungsbauten rechtzeitig fertig zu stellen.[xix] Eigentlich keine Rüstungsproduktion im engeren Sinne, muss die Lokomotivherstellung in diesem Kontext angesprochen werden, da der Kriegsverlauf die Überbrückung immer längerer Transportwege erforderte. Für die Verschiebung „*zum Kriegseinsatz, zum Arbeitseinsatz, zur Vernichtung*"[xx] musste die Produktion daher verzehnfacht werden, die Krauss-Maffei AG und die belgischen Hainaut-Werke unter deren „Obhut" waren mit 1400 Stück an diesem Auftrag höchster Priorität beteiligt. Obwohl sich die Zahl der Arbeiter ständig vergrößerte, gipfelte die enorme Nachfrage des NS-Regimes in Schichtdienst für die Mitarbeiter und zwar „rund um die Uhr".

4.1.3. Folgen für die Belegschaft

Die Arbeiterschaft der Firma, die schon seit jeher als „streikfreudig" bekannt war und dies 1932 zum ersten Mal in Allach bewies, hatte mit einer Reihe von Reformen durch das NS-Regime zu kämpfen. Eigenartigerweise gab es trotzdem kaum Widerstand von Seiten der Arbeiter, mögliche Erklärungsansätze hierfür mögen Existenzangst, allgemeine politische Resignation oder ähnliches gewesen sein. Ein mit Peitsche bewaffneter Betriebsobmann namens Leimböck, der durch das Werk stolzierte, trug wohl auch seinen Teil dazu bei, unter anderem beschäftigte er ein Prügelkommando und hielt Arrestzellen für „ungehorsame" Arbeiter bereit.

Einzig die „Antinazistische Deutsche Volksfront"(ADV) und die „Brüderliche Zusammenarbeit", eine Organisation russischer Kriegsgefangener, hatten Zellen in Allach. Beide Gruppierungen wurden jedoch 1944 durch die Gestapo zerschlagen. Wie überall, wurde jeglicher gewerkschaftlichen Organisation, durch die Ausschaltung der Betriebsräte und durch

Zwangsmitgliedschaft in der DAF, der Boden entzogen. Der Mitgliedschaft konnten sich allerdings 14 % der Arbeiter entziehen, das heißt vier Prozent mehr als im Reichsdurchschnitt. Das Programm „Kraft durch Freude" (KdF) war in Allach mit einer Schach-, einer Wander- und selbstverständlich einer Schießgruppe vertreten. Zwischen 1934 und 1936 wurde schrittweise die freie Arbeitsplatz- und Berufswahl verboten, 1938 wurde der Belegschaft die Arbeitsdienstpflicht oktroyiert, die Allach und Untermenzing *„schon vor Kriegsbeginn in ein Zwangsarbeitslager verwandelten".*[xxi]

Der Eifer, den die Werksleitung bei der Fertigstellung der Neubauten an den Tag legte, kam den Arbeitern allerdings nicht zugute; 112 dringend erforderliche Werkswohnungen wurden 1940 fertiggestellt, ein Jahr später folgte ein „Gemeinschaftshaus" mit Kantine, um der mittlerweile enorm gewachsenen Belegschaft gerecht zu werden. Trotzdem blieb der Werksleitung nichts anderes übrig, als für die Unterbringung der Arbeiter Gasthaussäle in Allach und Untermenzing anzumieten.

4.2. Auswirkungen für den Stadtteil
4.2.1. Die Eingemeindung von Allach und Untermenzing

Am 27. Oktober 1938[xxii] wurde Allach und Untermenzing, zusammen mit Ludwigsfeld, Solln und Obermenzing eingemeindet. Dabei vergrößerte sich die Bevölkerungszahl Münchens durch die beiden Dörfer um 9400, davon 4800 Einwohner aus Untermenzing und 4600 aus Allach. Dies geschah jedoch gegen den Willen der Bewohner. In einer Untermenzinger Gemeinderatssitzung brachte man es auf den Punkt, „daß es die Münchner ja doch nur auf die Gemeindekassen und die Industrieumlagen abgesehen hätten", wobei wohl auch die florierende Krauss-Maffei AG einen entscheidenden Anreiz für die Angliederung darstellte.

„Es ist nach sorgfältiger Prüfung in keinem Punkte eine Besserstellung der Bevölkerung [...] ersichtlich. Dasselbe gilt auch von der ortsansässigen Industrie."[xxiii] Mit oben genannten Begründungen war es 1928 noch möglich die drohende Eingemeindung abzuwenden, unter dem NS-Regime gelang dies nicht mehr. Der Anordnung von Bayerns Reichstatthalter General Franz Ritter von Epp konnte man sich nicht mehr widersetzen. Als Rechtfertigung führte man an, dass ein Großdeutschland, mit München als Hauptstadt der Bewegung, die Eingliederung der Nachbargemeinden fordere. Für das Opfer, ihre Selbstständigkeit aufgeben zu müssen, werden die Allacher und Menzinger belohnt – sie werden Bannerträger für Münchens Sendung sein.[xxiv]

4.2.2. Luftangriffe im II. Weltkrieg

Die Bombardierungen des Stadtteils Allach-Untermenzing stellen eine der wenigen direkt ersichtlichen Konsequenzen der Anwesenheit Krauss-Maffeis (und BMWs) dar. Insgesamt gingen 13 Angriffe auf den Bezirk nieder, davon je einer 1940 und 43, acht im Jahr 1944 und drei weitere Anfang 1945. Dabei hielten sich die Schäden an Wohnsiedlungen anscheinend in Grenzen, zu Zerstörungen kam es in der Allacher-, der Esmarch-, der Angerlohstraße und im Bahnweg. Darüber hinaus wurden Teile der Bahnstrecke und des Krauss-Maffei Werkes durch Brandbomben beschädigt. Der Angriff, der die meisten Menschenleben forderte, traf ausgerechnet 31 italienische Kriegsgefangene und einen KZ-Häftling. Wahrscheinlich geschah dies bei einem der zwei Angriffe 1943 und 45, die unter anderem die Barackenlager der Zwangsarbeiter zum Ziel hatten. Beschäftigte klagten andererseits, „daß sich die Wegzeiten durch Bombenschäden, unterbrochene Verkehrsverbindungen etc. zum Teil drastisch verlängerten"[xxv], dabei ist aber zu beachten, dass manch Angehöriger der Stammbelegschaft teilweise kilometerlange Wege von den ehemaligen Standorten des Krauss-Maffei Unternehmens zur Arbeit in Kauf nahm.

Der Versuch Allach-Untermenzing zu „vernebeln" und die Existenz einer riesigen Flakwiese zum Schutz des Werks mögen außerdem dazu beigetragen haben, dass „der Krieg im Bereich der Wohnsiedlungen des Stadtbezirks vergleichsweise geringe Schäden bewirkt(e)."[xxvi] Paradoxerweise wurden große Teile des Werks dann kurz nach Kriegsende doch noch zerstört, als ein Wagon mit Tellerminen in Bahnhofsnähe explodierte.

4.3. Fremd- und Zwangsarbeit

Das düsterste Kapitel der Krauss-Maffei Vergangenheit begann 1940 mit dem Einsatz von 264 italienischen Fremdarbeitern und 607 französischen Zwangsarbeitern, die gefangengenommen und verschleppt wurden. 1941 war die Zahl der zivilen Fremdarbeiter auf 659, die der Kriegsgefangenen auf 701 gestiegen. Ein Jahr später war dann ein sprunghafter Anstieg zu verzeichnen: die Zahl der Fremd- und Zwangsarbeiter stieg auf 5013. Bei der Hälfte von ihnen handelte es sich um Franzosen, ein Drittel waren „Ostarbeiter", den Rest bildete ein

„Völkergemisch" aus über 20 Nationen.[xxvii] Die Belegschaft von 8960 Arbeitern im Jahr 1942 bestand damit überwiegend aus Ausländern. Um die französischen und russischen Gefangenen unterzubringen, kam es daraufhin zur Errichtung von Barackenlagern in Allach-Untermenzing, die mit der Bezeichnung Lager I bis IV versehen wurden. Lager I lag direkt beim Werksgelände an der Krauss-Maffei-Straße und es waren dort 664 französische Gefangene, 171 Deutsche, als auch 629 Ausländer

	24.10.42			1.12.42		
	m.	w.	Zus.	m.	w.	Zus.
I. Kriegsgefangene						
Franzosen	751	-	751	673	-	673
Russen	658	-	658	752	-	732
	1409	-	1409	1425	-	1425
II. Zivil-Franzosen	639	3	642	1773	8	1781
Russen	674	100	774	739	202	941
	1313	103	1416	2512	210	2722
III. Zivil-Arbeiter						
Italiener	319	-	319	321	-	321
Belgier	17	-	17	24	-	24
Bulgarien	19	-	19	19	-	19
Dänemark	3	1	3	-	-	-
Griechenland	78	-	78	83	-	83
Holland	7	-	7	7	-	7
Kroatien	196	13	209	202	6	208
Litauen	2	-	2	2	-	2
Luxemburg	2	-	2	2	-	2
Polen	9	-	9	9	-	9
Portugal	2	-	2	2	-	2
Rumänien	7	-	7	7	-	7
Rußland (Emigranten)	5	-	5	7	-	7
Schweiz	1	-	1	1	-	1
Serbien	3	-	3	3	-	3
Slowakei	14	-	14	13	-	13
Spanien	36	-	36	36	-	36
Türkei	2	-	2	2	-	2
Ukraine	53	2	55	58	2	50
Ungarn	57	2	59	52	8	60
Uruguay	1	-	1	1	-	1
Staatenlose	2	-	2	1	-	1
Summe I, II, III	5.346	119	5.465	4.789	224	5.013

diverser Nationen inhaftiert bzw. untergebracht, somit war es das größte dieser Lager. In den Lagern II und IV, die sich beide an der Ludwigsfelderstraße befanden und von denen noch heute nahe des Bahnübergangs Ruinen existieren, waren hauptsächlich Franzosen, Ostarbeiter und russische Kriegsinhaftierte eingepfercht. Das verbleibende Lager III[xxviii] schließlich, war nur mit Franzosen belegt. Albert Speer, der damalige Rüstungsminister äußerte sich vor dem Lagerbau, am 4. Juni 1942 folgendermaßen schriftlich:

„Für die Durchbildung der Lager ist der Göring-Erlaß vom Juni 41 über behelfsmäßigen Kriegsbau maßgebend. Die Entscheidung des Sparingenieurs geht daher Wünschen der Bau-, Gesundheits-, Feuerpolizei und des Luftschutzes vor."[xxix] Dementsprechend lesen sich dann auch Auszüge eines Berichtes des Landesarbeitsamtes Bayern:

„Der Geruch in den Baracken ist schlecht; für Lüftung wird nicht gesorgt. Die Baracken sind hochgradig verschmutzt. [...] Außerdem fehlen (ausgerechnet im Betrieb Krauss-Maffei) an den Öfen die Ofenbleche; feuerpolizeilich hierdurch eine große Brandgefahr gegeben. Die Öfen rauchen, die Abzüge sind undicht [...] Ich verweise auf die Schädigung, die gerade lang dauernde Einatmung geringer Konzentrationen von Kohlenoxydgas hervorrufen können."[xxx]

Es ist nicht bekannt wie viele der unfreiwilligen Arbeitskräfte ums Leben kamen, im Verlauf der letzten Kriegsjahre entspannte sich die Situation in den Lagern jedoch zusehends; aufgrund der vormarschierenden Alliierten war es den Nazis nicht mehr möglich, in „genügendem" Maße neue Arbeitkräfte zu rekrutieren und somit verkleinerte sich die Belegschaft bis Kriegsende auf 5300 Beschäftigte. Erwähnenswert sei hier noch der Bericht eines russischen Kriegsgefangenen, der über den Widerstand innerhalb der Zwangsarbeiterschaft berichtete:

12

„In die Schmiermittel und die Buchsen der fabrikneuen Lokomotiven schütteten wir Sand und Metallspäne. [...] Während der Luftangriffe auf München schnitten wir Transmissionsriemen der Werkbänke durch.“[xxxi]

5. Die „Stunde Null"

Mit dem Einmarsch der amerikanischen Truppenverbände ergaben sich sowohl für Allach und Untermenzing, als auch für Krauss-Maffei eine Reihe von erheblichen Konsequenzen. Bevor die Amerikaner von Norden her nach Allach kamen, auf derselben Route die kurz zuvor 7000 KZ-Häftlinge auf ihrem Todesmarsch in Richtung Alpen begehen mussten, war das Werksgelände noch mit Schützengräben umgeben worden und man hatte die Belegschaft zum „Volkssturm" ausgebildet, der glücklicherweise nicht mehr zum Einsatz kam.

Sozusagen über Nacht wurden nun aus Kriegsgefangenen und Zwangsarbeitern „DPs" (displaced persons), die sich zum Teil in der Umgebung des Betriebs niederließen. Zu Anfang jedoch, führte die Befreiung der „Lagerinsassen häufig zu Raubüberfällen und Plünderungen. Besonders betroffen von diesen Übergriffen war Allach"[xxxii] und daher vermutlich auch Untermenzing. Im Krauss-Maffei Werk schlug der neugebildete Betriebsrat schon am 15. Mai 1945 eine neue Werksleitung vor, die im Anschluss von der US-Militärverwaltung genehmigt wurde. Daraus ergab sich ein Sonderstatus des Betriebsrates, der in der Folgezeit als Schnittstelle zwischen Arbeitnehmern, Militärverwaltung und Werksleitung agierte. Es war der Firma jedoch zunächst nur erlaubt, sich mit Reparaturen von beispielsweise Lokomotiven zu beschäftigen, ein Schutzbrief bewahrte Krauss-Maffei nämlich vor etwaiger Demontage, am 14. November 1945 erteilten die Besatzer dann eine Produktionsgenehmigung.

Im Zuge der verordneten Entnazifizierung veranlasste der zuständige US-Befehlshaber Major McIntyre die Entlassung von 130 Mitarbeitern. Ein Problem stellte außerdem die große Anzahl von Verschleppten und Flüchtlingen dar, die unter akuter Wohnungsnot litten und weiterhin die Barackenlager bewohnen mussten. Darüber hinaus waren die ersten drei Nachkriegsjahre von Ungewissheit über die Zukunft und von Hunger geprägt, sowohl innerhalb der Beschäftigten Krauss-Maffeis als auch in der übrigen Bevölkerung Allachs und Untermenzings. Wenn man die Bevölkerungszahlen von 1939 (10125 Einwohner) mit denen von 1950 (19138 Einwohner) vergleicht, wird klar, dass sich diese annähernde Verdoppelung nur durch den Aufenthalt der „displaced persons" erklären lässt, die sich großenteils niederließen und das künftige „Stadtbild" entscheidend beeinflussten.

6. Von der Nachkriegszeit in die Gegenwart

6.1. Wohnungsbau und Gastarbeit

Um der Knappheit an Wohnungsraum Herr zu werden, baute die Krauss-Maffei AG 1950 ein Arbeiterwohnheim für 103 Familien. Dabei muss gesagt werden, dass es sich zu dem Zeitpunkt bei einem Drittel der Belegschaft, also circa 1000 Arbeitern meist um Flüchtlinge ohne Unterkunft handelte, wodurch der Bau von Wohnungen eindeutig im Werksinteresse lag. Aus einem Zeitungsausschnitt anlässlich des Baubeginns, geht bezüglich eines ehemaligen Zwangsarbeiterlagers folgendes hervor:

„Das Barackenlager, in dem heimatvertriebene Krauss-Maffei Arbeiter wohnen, ist auf Betriebskosten zu einer trotz ihrer Enge menschenwürdigen Unterkunft ausgebaut worden, die allerdings nicht von Dauer sein kann." [xxxiii]

1955 konnte die Wohnungsnot durch die Baugesellschaft „Alte Heide" weiter gelindert werden, indem sie für Krauss-Maffei weitere 500 Wohnungen zwischen Rueß- und Manzostraße in der Angerlohsiedlung schuf. Gleichzeitig begann unabhängig von dem Betrieb, die Erschließung der einstigen Flakwiese. Auf diesem, durch die Bahnlinie, die Allacher, die Eversbusch- und die Menzinger Straße (heute: Von-Kahr-Straße) begrenzten Bereich, wurde die sogenannte „Flaksiedlung" und eine große Zahl von Einfamilienhäusern erbaut. Auch der Schulkomplex, der momentan Grundschule, Carl-Spitzweg-Realschule und Louise-Schroeder-Gymnasium (LSG) beinhaltet, wurde auf demselben Gelände errichtet. In einer Beilage der „Abendzeitung" im Jahr 1966 ist von rund 1500 werksgebundenen Wohnungen die Rede, außerdem von drei 600 Betten fassenden Häusern für Gastarbeiter, [xxxiv] die vor der Fertigstellung zum Teil in Gasthaussälen in der Umgebung campieren mussten. Abgesehen davon gab es Vereinbarungen mit Krauss-Maffei, in denen Mitarbeiter an Anwohner aus der Umgebung vermittelt wurden, die nach Untermietern Ausschau hielten.

Erstmals wurden Anfang der 60er Jahre ausländische Arbeitnehmer angeworben, 1988 machten sie immerhin acht Prozent der Belegschaft aus. Bis in die jüngste Zeit kamen noch eine ganze Reihe von neuen Siedlungen hinzu, die in Zusammenarbeit mit Krauss-Maffei entstanden sind, deren genaue Ortsangaben aber jeglichen Rahmen sprengen würden. Namentlich erwähnt sei noch die Frances-, die Simonsfeld- und die aus Sozialwohnungen bestehende Josef-Führer-Siedlung.[xxxv] Ein Expansionswunsch des Werkes nach Süden scheiterte allerdings 1983 am Widerstand der Bewohner einer ebenfalls durch Krauss-Maffei gegründeten „Kolonie", der Tubeuf-Siedlung.

6.2. „Leopardensprünge"[xxxvi]

Die Krauss-Maffei AG, die bereits ein Jahr vor Kriegsende ihre Produktion auf zivile Güter für Friedenszeiten umstellte, hielt dies leider nur etwa zehn Jahre durch. Nachdem der Betrieb 1955 aufgrund der Übernahme durch Buderus mittelbar Teil des Flick-Imperiums wurde, rief man ein „Sonderprogramm" ins Leben, hinter dem sich nichts anderes als Waffentechnik verbarg. 1963 machte die Bundeswehr Krauss-Maffei dann zum Generalunternehmer des „Leopard I", Kampfpanzer und erstes Waffen-Großgerät der Bundesrepublik Deutschland. In den nächsten Jahrzehnten erschien der Name Allach als Hauptsitz des Rüstungskonzerns vielfach in der Presse, zum Beispiel 1976 durch die Herstellung des „Gepards", des „Pumas" 1986 und aufgrund von zahlreichen anderen „Raubkatzen", die an sieben NATO-Staaten und Länder wie Australien, Schweden und die Schweiz geliefert wurden und werden.

Allerdings erfuhr sowohl Arbeiterschaft als auch Betriebsrat von der Tatsache, dass wieder Panzer produziert werden, erst unmittelbar vor dem Vertragsabschluss 1963 aus der Presse. Daraufhin waren die Beschäftigten Krauss-Maffeis, die mit der Endmontage betraut waren, massiven Sicherheitskontrollen unterworfen, während der RAF-Aktivitäten wurde das Werksgelände sogar durch einen mit Maschinenpistolen ausstaffierten Sicherheitsdienst abgeschirmt. Der Umsatz durch die Wehrtechnik, der von 1977-87 weit über dem des Zivilprogramms lag, machte die Waffenherstellung zur Haupteinnahmequelle des Unternehmens,[xxxvii] bis dann seine Neustrukturierung beschlossen wurde. In Folge der Wiener Abrüstungsverhandlungen jedoch, musste der Betrieb Auftragseinbußen in diesem Sektor hinnehmen.

Jahr	Zivilprogramm	Wehrtechnik	Insgesamt TDM
1964	154 Mio.	14 Mio.	167.590
1965	156 Mio.	38 Mio.	194.396
1966	173 Mio.	152 Mio.	325.209
1967	152 Mio.	166 Mio.	317.792
1968	149 Mio.	173 Mio.	322.427
1969	260 Mio.	213 Mio.	472.590
1970	227 Mio.	436 Mio.	663.307
1971	257 Mio.	485 Mio.	741.858
1972	265 Mio.	380 Mio.	645.311
1973	335.157 TDM	311.973 TDM	647.130
1974	337.371 TDM	315.288 TDM	652.659
1975	314.140 TDM	183.150 TDM	497.290
1976	267.180 TDM	240.509 TDM	507.689
1977	291.088 TDM	713.998 TDM	1.005.086
1978	257.813 TDM	1.464.936 TDM	1.722.749
1979	354.564 TDM	1.626.111 TDM	1.980.675
1980	256.553 TDM	1.058.812 TDM	1.315.365
1981	273.880 TDM	631.438 TDM	905.318
1982	309.633 TDM	968.873 TDM	1.278.506
1983	340.417 TDM	1.696.392 TDM	2.036.809
1984	350.023 TDM	1.337.137 TDM	1.687.160
1985	419.988 TDM	1.348.123 TDM	1.768.111
1986	435.713 TDM	1.095.697 TDM	1.531.410
1987	432.926 TDM	582.817 TDM	1.015.743

15

6.3. Soziales Engagement

Im gesellschaftlichen Bereich gibt es ein paar bemerkenswerte Einrichtungen, die Krauss-Maffei angeboten hat und teilweise noch bietet. So existiert seit 1951 eine vom Betriebsrat geschaffene Sterbekasse, die den Angehörigen einen gewissen Geldbetrag zukommen lässt (1988: 1800 DM), außerdem werden aus einer Jubiläumskasse Feiern und Geschenke für „alteingesessene" Arbeitnehmer finanziert. Einmal abgesehen von den Bauprojekten, engagiert sich der Betrieb auch noch anderweitig. Jeder Interessent, ob Werksangehöriger oder nicht, hat beispielsweise die Möglichkeit ein preiswertes Mahl in der Firmenkantine zu sich zu nehmen, was von Anliegern aus Allach und Umgebung, vor allem auch von ehemaligen Mitarbeitern intensiv genutzt wird. Ebenso wird das Kasino häufig für Feste und ähnliches vermietet,[xxxviii] voraussichtlich findet dort auch die diesjährige Abiturfeier des LSGs statt.

Hinzu kommt, dass es über viele Jahre hinweg Dauerausstellungen im Verwaltungsgebäude des Werks gab, die sich zum Beispiel mit den Hobbies oder der künstlerischen Begabung der Beschäftigten befassten, so brachte es ein Arbeitnehmer (Florian Bosch) mit seinen Werken sogar bis ins „Haus der Kunst".[xxxix] Was nach 1983 aus diesen Exhibitionen geworden ist, konnte aufgrund mangelnder Quellenlage nicht geklärt werden.

7. Jüngste Entwicklungen

Der Betrieb Krauss-Maffei, unter anderem durch Waffengeschäfte im Laufe der Jahre zu einem multinationalen Konzern avanciert, wurde 1987 einer Neuordnung unterworfen. Das Unternehmen teilte sich in sieben verschiedene Geschäftsbereiche auf: Kunststoff-, Verfahrens-, Verkehrs-, Gieß- und Automationstechnik, außerdem Wehrtechnik und Dienstleistungen.[xl]

Infolgedessen, kauften sich im Zeichen der voranschreitenden Globalisierung verschiedene Investoren in die Geschäftsbereiche ein, wodurch eine weitere Verflechtung auf nationaler und internationaler Ebene in Gang gesetzt wurde. Für eine genaue Darstellung müsste man zu weit ausholen, erwähnt sei aber, dass in den einzelnen Ressorts Konzerne wie Demag, Siemens, Mannesmann und Wegmann mit Krauss-Maffei verwoben sind. Standorte der Unternehmen finden sich heute überall auf dem Globus, wie zum Beispiel in Finnland, USA und Singapur.

Innerbetrieblich hat sich das Verhältnis zwischen Facharbeitern und Angestellten stark verändert, lag es 1951 noch bei 82 zu 18 Prozent, so betrug es 1988 bereits 50 zu 50 Prozent. Zugleich kommt ein großer Teil der Beschäftigten, vor allem leitende Angestellte, schon lange nicht mehr aus München und Umgebung, vielmehr wird qualifiziertes Personal aus aller Welt angeworben.[xli] Dementsprechend setzt sich auch die Belegschaft aus den unterschiedlichsten Nationalitäten zusammen, die sich Ende 1996 auf etwa 3300 Mitarbeiter im seit 1992 vereinigten Allach-Untermenzing beläuft. Auch die, durch die Gießerei verursachte Umweltverschmutzung scheint seit deren Stilllegung aus ökonomischen Beweggründen Anfang der 90er der Vergangenheit anzugehören, ganz im Gegenteil nahm man 2001 sogar die Begrünung des Werksgeländes in Angriff, die jüngste Veränderung die den Stadtteil zumindest in seiner Optik betraf.

So zählt der 23. Stadtbezirk nicht zuletzt durch die weiträumigen Industrieanlagen Krauss-Maffeis, mit 16 Einwohnern pro Hektar momentan zu einem der am dünnsten besiedelten Stadtgebiete Münchens.

8. Schlusswort

Alles in allem, muss ich zunächst sagen, dass es sich als äußerst interessant erwiesen hat ein tieferen Einblick in meine Wohngegend zu bekommen. Nachdem sich mein Urgroßvater mütterlicherseits bereits 1920 in Untermenzing niederließ, handelt es sich bei dieser Arbeit im weitesten Sinne auch um einen Teil Familiengeschichte. So hatten meine Großeltern nach dem Krieg einen Flüchtling aufgenommen, der sie ihnen zufolge vor Übergriffen durch Plünderer bewahrte. Zudem leben auch bei uns seit den 60ern hin und wieder Krauss-Maffei Mitarbeiter zur Miete.

Die Behauptung, dass die Wohngebiete Allachs und Untermenzings vom Krieg weitgehend verschont blieben, deckt sich allerdings nicht mit den Erzählungen meiner Großtante, die sich mit Bestimmtheit an beschädigte oder zerstörte Häuser in Straßen, die bei Ernst Rudolph keine Erwähnung fanden, erinnern konnte, so beispielsweise an einem Nachbargebäude.

Persönlich empfinde ich es als sehr schade, dass sich bei Krauss-Maffei anscheinend niemand mehr mit der Firmenvergangenheit auseinandersetzt. Auf Anfragen meinerseits, wer damit betraut sei, wurde ich auf einen Angehörigen des Betriebsrats aufmerksam gemacht, der jedoch letztes Jahr in Rente ging. Das Werksarchiv existiert ebenfalls nicht mehr vor Ort, alle Dokumente verstauben nun im Bayerischen Wirtschaftsarchiv. Bei Krauss-Maffei selbst bekam ich außer wenigen brauchbaren Informationen nur einen Stapel Hochglanzbroschüren. Abgesehen von den bereits erwähnten Auswirkungen, die sich ja eigentlich eher auf Allach beziehen, kommt meiner Ansicht nach hinzu, dass Untermenzing praktisch zur Hälfte von Krauss-Maffei gebaut wurde, zumindest ein weiträumiger Bereich, nahe dem Werk und der Bahnlinie. Es ist für mich trotz intensiver Auseinandersetzung mit dem Thema immer noch nicht ersichtlich, inwiefern Krauss-Maffei den Stadtteil prägte bzw. Diamalt, BMW, MAN, MTU oder die Firmen im Untermenzinger „Kirchgelände" daran beteiligt waren, denke aber man kann sich darauf einigen, dass es unmöglich ist die zugrundeliegende Dynamik vollständig zu erfassen bzw. die einzelnen Einflüsse zu separieren. Abschließend bleibt Krauss-Maffeis Ruf für mich ein über alle Maßen zweifelhafter, assoziiere ich damit doch ganz automatisch einen Konzern, der weite Teile der Menschheit unter anderem mit „Tötungsmaschinen" versorgt, ganz zu schweigen von dessen Rolle im „Dritten Reich".

9. Anmerkungen

[i]   siehe Abreß, Hubert, Stadtentwicklung und Stadtplanung, dargestellt am Beispiel der Landeshauptstadt München, in: Zeitschrift für Politik Nr. 80 S. 195, o. V., München 1966 (IfZ)

[ii]   siehe Rudolph, Ernst, Allach Untermenzing. Die Geschichte eines Stadtteils S. 11, Buchendorfer Verlag, München 1997

[iii]   siehe Rudolph, Ernst, Allach Untermenzing. Die Geschichte eines Stadtteils S. 79, Buchendorfer Verlag, München 1997

[iv]   vgl. Fritz, Carl, München als Industriestadt 24 f., o. V., Berlin 1913

[v]   vgl. Auer, Alois (Hrsg.), Engasser, Gerald, Krauss-Maffei. Der Lebenslauf einer Münchner Fabrik und ihrer Belegschaft S. 24, 3K-Verlag, Kösching 1988

[vi]   vgl. Auer, Alois (Hrsg.), Engasser, Gerald, Krauss-Maffei. Der Lebenslauf einer Münchner Fabrik und ihrer Belegschaft S. 61 f., 3K-Verlag, Kösching 1988

[vii]   vgl. Auer, Alois (Hrsg.), Engasser, Gerald, Krauss-Maffei. Der Lebenslauf einer Münchner Fabrik und ihrer Belegschaft S. 126, 3K-Verlag, Kösching 1988

[viii]   vgl. Auer, Alois (Hrsg.), Engasser, Gerald, Krauss-Maffei. Der Lebenslauf einer Münchner Fabrik und ihrer Belegschaft S. 145 ff., 3K-Verlag, Kösching 1988

[ix]   siehe und vgl. Auer, Alois (Hrsg.), Engasser, Gerald, Krauss-Maffei. Der Lebenslauf einer Münchner Fabrik und ihrer Belegschaft S. 70ff., 3K-Verlag, Kösching 1988

[x]   vgl. Münchner Neueste Nachrichten Nr. 300 vom 3. November 1924, Wohnhausneubauten in Allach, o. A., in: Bestand Krauss-Maffei, 1922-1983, Stadtarchiv München

[xi]   vgl. Auer, Alois (Hrsg.), Engasser, Gerald, Krauss-Maffei. Der Lebenslauf einer Münchner Fabrik und ihrer Belegschaft S. 155 f., 3K-Verlag, Kösching 1988

[xii]   siehe und vgl. Neue Zeitung Nr. 223 vom 27. September 1927, Lehrlingsschinderei bei Maffei, o. A., in: Bestand Krauss-Maffei, 1922-1983, Stadtarchiv München

[xiii]   siehe Münchner Post Nr. 178 vom 3./4. August 1929, Unsozial, o. A., in: Bestand Krauss-Maffei, 1922-1983, Stadtarchiv München

[xiv]   siehe Münchener Zeitung Nr. 297 vom 28. Oktober 1930, Personalunion Krauss-Maffei, o. A., in: Bestand Krauss-Maffei, 1922-1983, Stadtarchiv München

[xv]   siehe Döpper, Franz B., München und seine alten Firmen S. 37, Pro Historica, München 1988

[xvi]   siehe Festschrift anläßlich der Eingemeindung von Obermenzing, Untermenzing, Allach, Ludwigsfeld, Solln am 1. Dezember 1938 S. 38, Müller, München 1938 (IfZ)

[xvii]   siehe Völkischer Beobachter vom 11.November 1933, Neubau der Krauß-Maffei-A.G. in Allach, jth., in: Bestand Krauss-Maffei, 1922-1983, Stadtarchiv München

[xviii]   siehe Döpper, Franz B., München und seine alten Firmen S. 37, Pro Historica, München 1988

[xix]   vgl. Auer, Alois (Hrsg.), Engasser, Gerald, Krauss-Maffei. Der Lebenslauf einer Münchner Fabrik und ihrer Belegschaft S. 175 ff., 3K-Verlag, Kösching 1988

[xx] siehe und vgl. Auer, Alois (Hrsg.), Engasser, Gerald, Krauss-Maffei. Der Lebenslauf einer Münchner Fabrik und ihrer Belegschaft S. 189 ff., 3K-Verlag, Kösching 1988

[xxi] siehe Auer, Alois (Hrsg.), Engasser, Gerald, Krauss-Maffei. Der Lebenslauf einer Münchner Fabrik und ihrer Belegschaft S. 185, 3K-Verlag, Kösching 1988

[xxii] hier gehen die Quellen auseinander: Bei Ernst Rudolph wird das angegebene Datum genannt, in der Eingemeindungsfestschrift hingegen ist auf Seite 13 vom 1. April 1938 die Rede

[xxiii] siehe Rudolph, Ernst, Allach Untermenzing. Die Geschichte eines Stadtteils S. 101, Buchendorfer Verlag, München 1997

[xxiv] zit. nach Rudolph, Ernst, Allach Untermenzing. Die Geschichte eines Stadtteils S. 102, Buchendorfer Verlag, München 1997

[xxv] siehe und vgl. Auer, Alois (Hrsg.), Engasser, Gerald, Krauss-Maffei. Der Lebenslauf einer Münchner Fabrik und ihrer Belegschaft S. 196, 3K-Verlag, Kösching 1988

[xxvi] siehe Rudolph, Ernst, Allach Untermenzing. Die Geschichte eines Stadtteils S. 103, Buchendorfer Verlag, München 1997

[xxvii] vgl. Auer, Alois (Hrsg.), Engasser, Gerald, Krauss-Maffei. Der Lebenslauf einer Münchner Fabrik und ihrer Belegschaft S. 203, 3K-Verlag, Kösching 1988

[xxviii] auch hier sind die Quellen widersprüchlich: bei Alois Auer bzw. Gerald Engasser auf Seite 207 wird als Standort die Lochhausener Straße angeführt, bei Ernst Rudolph auf Seite 105 liegt Lager III zwischen dem Paul-Ehrlich-Weg und der Rudorfstraße

[xxix] siehe Auer, Alois (Hrsg.), Engasser, Gerald, Krauss-Maffei. Der Lebenslauf einer Münchner Fabrik und ihrer Belegschaft S. 206 f., 3K-Verlag, Kösching 1988

[xxx] siehe Heusler, Andreas, Zwangsarbeit in der Münchner Kriegswirtschaft. 1939-45 S. 78, Buchendorfer Verlag, München 1991 (IfZ)

[xxxi] siehe Heusler, Andreas, Zwangsarbeit in der Münchner Kriegswirtschaft. 1939-45 S. 70, Buchendorfer Verlag, München 1991 (IfZ)

[xxxii] siehe und vgl. Rudolph, Ernst, Allach Untermenzing. Die Geschichte eines Stadtteils S. 103, Buchendorfer Verlag, München 1997

[xxxiii] siehe Süddeutsche Zeitung Nr. 64 vom 2. Juni 1949, Über 17000 Lokomotiven wurden hier gebaut, o. A., in: Bestand Krauss-Maffei, 1922-1983, Stadtarchiv München

[xxxiv] vgl. PR-Beilage der Abendzeitung vom 6. Oktober 1966, Erfolg durch Leistung, Raimund Knecht, in: Bestand Krauss-Maffei, 1922-1983, Stadtarchiv München

[xxxv] vgl. Münchner Stadtanzeiger Nr. 82 vom 11. Oktober 1974, Neue Krauss-Maffei-Wohnungen für Allach, - g-, in: Bestand Krauss-Maffei, 1922-1983, Stadtarchiv München

[xxxvi] siehe Auer, Alois (Hrsg.), Engasser, Gerald, Krauss-Maffei. Der Lebenslauf einer Münchner Fabrik und ihrer Belegschaft S. 252, 3K-Verlag, Kösching 1988

[xxxvii] vgl. Auer, Alois (Hrsg.), Engasser, Gerald, Krauss-Maffei. Der Lebenslauf einer Münchner Fabrik und ihrer Belegschaft S. 252 ff., 3K-Verlag, Kösching 1988

[xxxviii] Gespräch mit Guido Radig (a.a.O) vom 4. September 2001

[xxxix] vgl. 8 Uhr Blatt vom 13. Juli 1962, Arbeit und Kunstgenuß verbinden, v. W., in: Bestand Krauss-Maffei, 1922-1983, Stadtarchiv München

[xl] vgl. Döpper, Franz B., München und seine alten Firmen S. 39, Pro Historica, München 1988

[xli] Gespräch mit Guido Radig (a.a.O.) vom 4. September 2001

10. Bildnachweis

1. Seite 12: Tabelle „Fremdvölkische Arbeitskräfte" aus dem „Sozialbericht" von 1942 in: Auer, Alois (Hrsg.), Engasser, Gerald, Krauss-Maffei. Lebenslauf einer Münchner Fabrik und ihrer Belegschaft S.204, 3K-Verlag, Kösching 1988

2. Seite 15 unten: Tabelle Umsätze der Krauss-Maffei AG 1964-1987 (1964-72 in Mio., 1973-1987 in TDM)

19

in: Auer, Alois (Hrsg.), Engasser, Gerald, Krauss-Maffei. Lebenslauf einer Münchner Fabrik und ihrer Belegschaft S. 255, 3K-Verlag, Kösching 1988

11. Bibliographie

Primärliteratur:

1. Bestand Krauss-Maffei, 1922 bis 1983, Stadtarchiv München

2. Festschrift anläßlich der Eingemeindung von Obermenzing, Untermenzing, Allach, Ludwigsfeld, Solln am 1. Dezember 1938, Müller, München 1938 (IfZ)

3. Krauss-Maffei AG u. a. (Hrsg.), 150 Years of Progress through Technology. 1938-1988, Hermann Merker Verlag Gmbh, Verona 1988

4. Krauss-Maffei Kunststofftechnik Gmbh (Hrsg.),1999. Jahresbericht, o.V., München 1999

5. www.kmweg.de/, Alexander Reinhardt, mindmedia gmbh, aufgerufen am 28.01.2002

6. www.krauss-maffei.de/k/, Stephan Dürr, Sainer New Media GmbH, aufgerufen am 28.01.2002

Sekundärliteratur:

1. Abreß, Hubert, Stadtentwicklung und Stadtplanung, dargestellt am Beispiel der Landeshauptstadt München, in: Zeitschrift für Politik Nr. 80 S. 183-200, o. V., München 1966 (IfZ)

2. Auer, Alois (Hrsg.), Engasser, Gerald, Krauss-Maffei. Lebenslauf einer Münchner Fabrik und ihrer Belegschaft, 3K-Verlag, Kösching 1988

3. Döpper, Franz B., München und seine alten Firmen, Pro Historica, München 1988

4. Fritz, Carl, München als Industriestadt, o. V., Berlin 1913

5. Heusler, Andreas, Zwangsarbeit in der Münchner Kriegswirtschaft. 1939-45, Buchendorfer Verlag, München 1991 (IfZ)

6. Möhl, Friedrich, Hundert Jahre Krauss-Maffei München. 1837-1937, Oldenbourg, München 1937 (IfZ)

7. Rudolph, Ernst, Allach Untermenzing. Die Geschichte eines Stadtteils, Buchendorfer Verlag, München 1997

Interview:

8. Radig, Guido, Dipl.-Kfm., Marketing Manager & Communications, Krauss-Maffei, Gespräch am 4. September 2001